Fischer TaschenBibliothek

Weihnachten bei den Buddenbrooks: Am 24. Dezember empfängt die Konsulin Buddenbrook ihre Gäste. Ein riesiger Tannenbaum, wundervoll geschmückt mit Silberflitter und einem Engel an der Spitze, erfüllt den großen Saal mit seinem Duft. Hanno, der Jüngste der Lübeck'schen Kaufmannsfamilie, fiebert dem großen Augenblick der Bescherung entgegen. Wird sein größter Wunsch erfüllt werden?

Thomas Mann wurde 1875 in Lübeck geboren und zählt zu den bedeutendsten Schriftstellern des 20. Jahrhunderts. 1929 erhielt Thomas Mann vor allem für seinen Roman »Buddenbrooks« den Literatur-Nobelpreis. 1933 emigrierte er in die Schweiz, danach weiter in die USA. Erst 1952 kehrte Mann nach Europa zurück, wo er 1955 in Zürich verstarb. Bis heute findet sein vielschichtiges Werk eine weltweit kaum zu übertreffende Resonanz.

Weitere Informationen finden Sie auf www.fischerverlage.de

Thomas Mann

Weihnachten bei den Buddenbrooks

Mit den Rezepten
des Weihnachtsmenüs

FISCHER TaschenBibliothek

Aus Verantwortung für die Umwelt hat sich der S. Fischer Verlag zu einer nachhaltigen Buchproduktion verpflichtet. Der bewusste Umgang mit unseren Ressourcen, der Schutz unseres Klimas und der Natur gehören zu unseren obersten Unternehmenszielen.

Gemeinsam mit unseren Partnern und Lieferanten setzen wir uns für eine klimaneutrale Buchproduktion ein, die den Erwerb von Klimazertifikaten zur Kompensation des CO_2-Ausstoßes einschließt.

Weitere Informationen finden Sie unter: www.klimaneutralerverlag.de

FSC
www.fsc.org
MIX
Papier | Fördert gute Waldnutzung
FSC® C083411

Neuauflage

Erschienen bei FISCHER Taschenbuch

Hedderichstr. 114, D-60596 Frankfurt am Main

Der Abdruck der Rezepte erfolgt mit freundlicher Genehmigung der Arche Verlag AG, Zürich – Hamburg

Umschlaggestaltung: Cornelia Niere, München
Umschlagabbildung: S. Gödecke/Schöning Verlag, Lübeck
Satz: C.H.Beck.Media.Solutions, Nördlingen
Druck und Bindung: CPI books GmbH, Leck
Printed in Germany
ISBN 978-3-596-52324-5

Weihnachten
bei den Buddenbrooks

Unter solchen Umständen kam diesmal das Weihnachtsfest heran, und der kleine Johann verfolgte mit Hülfe des Abreißkalenders, den Ida ihm angefertigt, und auf dessen letztem Blatte ein Tannenbaum gezeichnet war, pochenden Herzens das Nahen der unvergleichlichen Zeit.

Die Vorzeichen mehrten sich … Schon seit dem ersten Advent hing in Großmamas Eßsaal ein lebensgroßes, buntes Bild des Knecht Ruprecht an der Wand. Eines Morgens fand Hanno seine Bettdecke, die Bettvorlage und seine Kleider mit knisterndem Flittergold bestreut. Dann, wenige Tage später, nachmittags im Wohnzimmer, als Papa mit der Zeitung auf der Chaiselongue lag und Hanno grade in Geroks »Palmblättern« das Gedicht von der Hexe zu Endor las, wurde wie alljährlich und doch auch diesmal ganz überraschender Weise ein »alter Mann« gemeldet, welcher »nach dem Kleinen frage«. Er wurde hereingebeten, dieser alte Mann, und kam schlürfenden Schrittes, in einem langen Pelze, dessen rauhe Seite nach außen gekehrt, und der mit Flittergold und Schneeflocken besetzt war, ebensolcher Mütze, schwarzen Zügen im Gesicht und einem ungeheuren weißen Barte, der wie die übernatürlich dicken Augenbrauen mit glitzernder Lametta durchsetzt war. Er erklärte, wie jedes Jahr, mit eherner Stimme, daß *dieser* Sack – auf seiner linken Schulter – für gute Kinder, welche beten könnten, Äpfel und goldene Nüsse enthalte, daß aber andererseits *diese* Rute – auf seiner rechten Schulter – für die bösen Kinder bestimmt sei … Es war Knecht Ruprecht. Das heißt, natürlich nicht so ganz und vollkommen der Ächte und im Grunde vielleicht bloß Barbier Wenzel in Papas gewendetem Pelz; aber soweit ein Knecht Ruprecht überhaupt möglich, war er *dies,* und Hanno sagte auch dieses Jahr wieder, aufrichtig erschüttert und nur ein- oder zweimal von einem nervösen und halb unbewußten Aufschluchzen unterbrochen, sein Vaterunser her, worauf er einen Griff in den Sack für die guten Kinder tun durfte, den der alte Mann dann überhaupt wieder mit sich zu nehmen vergaß …

Es setzten die Ferien ein, und der Augenblick ging ziemlich glücklich vorüber, da Papa das Zeugnis las, das auch in der Weihnachtszeit notwendig ausgestellt werden mußte … Schon war der große Saal geheimnisvoll verschlossen, schon waren Marzipan und Braune Kuchen auf den Tisch gekommen, schon war es Weihnacht draußen in der Stadt. Schnee fiel, es kam Frost, und in der scharfen, klaren Luft erklangen durch die Straßen die geläufigen oder wehmütigen Melodien der italienischen Drehorgelmänner, die mit ihren Sammetjacken und schwarzen Schnurrbärten zum Feste herbeigekommen waren. In den Schaufenstern prangten die Weihnachtsausstellungen. Um den hohen gotischen Brunnen auf dem Marktplatze waren die bunten Belustigungen des Weihnachtsmarktes aufgeschlagen. Und wo man ging, atmete man mit dem Duft der zum

Kauf gebotenen Tannenbäume das Aroma des Festes ein.

Dann endlich kam der Abend des dreiundzwanzigsten Dezembers heran und mit ihm die Bescherung im Saale zu Haus, in der Fischergrube, eine Bescherung im engsten Kreise, die nur ein Anfang, eine Eröffnung, ein Vorspiel war, denn den Heiligen Abend hielt die Konsulin fest in Besitz, und zwar für die ganze Familie, so daß am Spätnachmittage des vierundzwanzigsten die gesamte Donnerstag-Tafelrunde, und dazu noch Jürgen Kröger aus Wismar, sowie Therese Weichbrodt mit Madame Kethelsen, im Landschaftszimmer zusammentrat.

In schwerer, grau und schwarz gestreifter Seide, mit geröteten Wangen und erhitzten Augen, in einem zarten Duft von Patschouli, empfing die alte Dame die nach und nach eintretenden Gäste, und bei den wortlosen Umarmungen klirrten ihre goldenen Armbänder leise. Sie war in unaussprechlicher stummer und zitternder Erregung an diesem Abend. »Mein Gott, du fieberst ja, Mutter!« sagte der

Senator, als er mit Gerda und Hanno eintraf ... »Alles kann doch ganz gemütlich vonstatten gehen.« Aber sie flüsterte, indem sie alle Drei küßte: »Zu Jesu Ehren ... Und dann mein lieber seliger Jean ...«

In der Tat, das weihevolle Programm, das der verstorbene Konsul für die Feierlichkeit festgesetzt hatte, mußte aufrecht erhalten werden, und das Gefühl ihrer Verantwortung für den würdigen Verlauf des Abends, der von der Stimmung einer tiefen, ernsten und inbrünstigen Fröhlichkeit erfüllt sein mußte, trieb sie rastlos hin und her – von der Säulenhalle, wo schon die Marien-Chorknaben sich versammelten, in den Eßsaal, wo Riekchen Severin letzte Hand an den Baum und die Geschenktafel legte, hinaus auf den Korridor, wo scheu und verlegen einige fremde alte Leutchen umher standen, Hausarme, die ebenfalls an der Bescherung teilnehmen sollten, und wieder ins Landschaftszimmer, wo sie mit einem stummen Seitenblick jedes überflüssige Wort und Geräusch strafte. Es war so still, daß man die Klänge einer entfernten Drehorgel vernahm, die zart und klar wie die einer Spieluhr aus irgend einer beschneiten Straße den Weg hierherfanden. Denn obgleich nun an zwanzig Menschen im Zimmer saßen und standen, war die Ruhe größer als in einer Kirche, und die Stimmung gemahnte, wie der Senator ganz vorsichtig seinem Onkel Justus zuflüsterte, ein wenig an die eines Leichenbegängnisses.

Übrigens war kaum Gefahr vorhanden, diese Stimmung möchte durch einen Laut jugendlichen Übermutes zerrissen werden. Ein Blick hätte genügt, zu bemerken, daß fast alle Glieder der hier versammelten Familie in einem Alter standen, in welchem die Lebensäußerungen längst gesetzte Formen angenommen haben. Senator Thomas Buddenbrook, dessen Blässe den wachen, energischen und sogar humoristischen Ausdruck seines Gesichtes Lügen strafte; Gerda, seine Gattin, welche, unbeweglich in einen Sessel zurückgelehnt und das schöne weiße Gesicht nach oben gewandt, ihre nahe bei einander liegenden, bläulich umschatteten, seltsam schimmernden Augen von den flimmernden Glasprismen des Kronleuchters bannen ließ; seine Schwester, Frau Permaneder; Jürgen Kröger, sein Cousin, der stille, schlicht gekleidete Beamte; seine Cousinen Friederike, Henriette und Pfiffi, von denen die beiden ersteren noch magerer und länger geworden waren, und die letztere noch kleiner und beleibter erschien, als früher, denen aber ein stereotyper Gesichtsausdruck durchaus gemeinsam war, ein spitziges und übelwollendes Lächeln, das gegen alle Personen und Dinge mit einer allgemeinen medisanten Skepsis gerichtet war, als sagten sie beständig: »Wirklich? Das möchten wir denn doch fürs Erste noch bezweifeln« …; schließlich die arme, aschgraue Klothilde, deren Gedanken wohl direkt auf das Abendessen gerichtet waren: – sie Alle hatten die Vierzig überschritten, während die Hausherrin mit ihrem Bruder Justus und seiner Frau gleich der kleinen Therese Weichbrodt schon ziemlich weit über die Sechzig hinaus war, und die alte Konsulin Buddenbrook, geborene Stüwing, sowie die gänzlich taube Madame Kethelsen, sich schon in den Siebzigern befanden.

In der Blüte ihrer Jugend stand eigentlich nur Erika Weinschenk; aber wenn ihre hellblauen Augen – die Augen Herrn Grünlichs – zu ihrem Manne, dem Direktor, hinüberglitten, dessen geschorener, an den Schläfen ergrauter Kopf mit dem schmalen, in die Mundwinkel hineingewachsenen Schnurrbart sich dort neben dem Sofa von der idyllischen Tapetenlandschaft abhob, so konnte man bemerken, daß ihr voller Busen sich in lautlosem aber schwerem Atemzuge hob … Ängstliche und wirre Gedanken an Usancen, Buchführung, Zeugen, Staatsanwalt, Verteidiger und Richter mochten sie bedrängen, ja, es war wohl Keiner im Zimmer, dem diese unweihnachtlichen Gedanken nicht im Sinne gelegen hätten. Der angeklagte Zustand von Frau Permaneders Schwiegersohn, das Bewußtsein der gesamten Familie von der Gegenwart eines Mitgliedes, das eines Verbrechens gegen die Gesetze, die bürgerliche Ordnung und die geschäftliche Ehrenhaftigkeit geziehen und vielleicht der Schande und dem Gefängnis verfallen war, gab der Versammlung ein vollständig fremdes, ungeheuerliches Gepräge. Ein

Weihnachtsabend der Familie Buddenbrook mit einem Angeklagten in ihrer Mitte! Frau Permaneder lehnte sich mit strengerer Majestät in ihren Sessel zurück, das Lächeln der Damen Buddenbrook aus der Breitenstraße ward um noch eine Nuance spitziger …

Und die Kinder? Der ein wenig spärliche Nachwuchs? War auch er für das leis Schauerliche dieses so ganz neuen und ungekannten Umstandes empfänglich? Was die kleine Elisabeth betraf, so war es unmöglich, über ihren Gemütszustand zu urteilen. In einem Kleidchen, an dessen reichlicher Garnitur mit Atlasschleifen man Frau Permaneders Geschmack erkannte, saß das Kind auf dem Arm seiner Bonne, hielt seine Daumen in die winzigen Fäuste geklemmt, sog an seiner Zunge, blickte mit etwas hervortretenden Augen starr vor sich hin und ließ dann und wann einen kurzen, knarrenden Laut vernehmen, worauf das Mädchen es ein wenig schaukeln ließ. Hanno aber saß still auf seinem Schemel zu den Füßen seiner Mutter und blickte gerade wie sie zu einem Prisma des Kronleuchters empor …

Christian fehlte! Wo war Christian? Erst jetzt im letzten Augenblick bemerkte man, daß er noch nicht anwesend sei. Die Bewegungen der Konsulin, die eigentümliche Manipulation, mit der sie vom Mundwinkel zur Frisur hinaufzustreichen pflegte, als brächte sie ein hinabgefallenes Haar an seine Stelle zurück, wurden noch fieberhafter … Sie instruierte eilig Mamsell Severin, und die Jungfer begab sich an den Chorknaben vorbei durch die Säulenhalle, zwischen den Hausarmen hin über den Korridor und pochte an Herrn Buddenbrooks Tür.

Gleich darauf erschien Christian. Er kam mit seinen mageren, krummen Beinen, die seit dem Gelenkrheumatismus etwas lahmten, ganz gemächlich ins Landschaftszimmer, indem er sich mit der Hand die kahle Stirne rieb.

»Donnerwetter, Kinder«, sagte er, »das hätte ich beinahe vergessen!«

»Du hättest es …« wiederholte seine Mutter und erstarrte …

»Ja, beinah vergessen, daß heut' Weihnacht ist … Ich saß und las … in einem Buch, einem

Reisebuch über Südamerika … Du lieber Gott, ich habe schon andere Weihnachten gehabt …« fügte er hinzu und war soeben im Begriff, mit der Erzählung von einem Heiligen Abend anzufangen, den er zu London in einem Tingel-Tangel fünfter Ordnung verlebt, als plötzlich die im Zimmer herrschende Kirchenstille auf ihn zu wirken begann, so daß er mit krausgezogener Nase und auf den Zehenspitzen zu seinem Platze ging.

»Tochter Zion, freue dich!« sangen die Chorknaben, und sie, die eben noch da draußen so hörbare Allotria getrieben, daß der Senator sich einen Augenblick an die Tür hatte stellen müssen, um ihnen Respekt einzuflößen, – sie sangen nun ganz wunderschön. Diese hellen Stimmen, die sich, getragen von den tieferen Organen, rein, jubelnd und lobpreisend aufschwangen, zogen Aller Herzen mit sich empor, ließen das Lächeln der alten Jungfern milder werden und machten, daß die alten Leute in sich hineinsahen und ihr Leben überdachten, während die, welche mitten im Leben standen, ein Weilchen ihrer Sorgen vergaßen.

Hanno ließ sein Knie los, das er bislang umschlungen gehalten hatte. Er sah ganz blaß aus, spielte mit den Fransen seines Schemels und scheuerte seine Zunge an einem Zahn, mit halbgeöffnetem Munde und einem Gesichtsausdruck, als fröre ihn. Dann und wann empfand er das Bedürfnis, tief aufzuatmen, denn jetzt, da der Gesang, dieser glockenreine A-cappella-Gesang die Luft erfüllte, zog sein Herz sich in einem fast schmerzhaften Glück zusammen. Weihnachten … Durch die Spalten der hohen, weißlackierten, noch fest geschlossenen Flügeltür drang der Tannenduft und erweckte mit seiner süßen Würze die Vorstellung der Wunder dort drinnen im Saale, die man jedes Jahr aufs Neue mit pochenden Pulsen als eine unfaßbare, unirdische Pracht erharrte … Was würde dort drinnen für ihn sein? Das, was er sich gewünscht hatte, natürlich, denn das bekam man ohne Frage, gesetzt, daß es einem nicht als eine Unmöglichkeit zuvor schon ausgeredet worden war. Das Theater würde ihm gleich in die Augen springen und ihm den Weg zu seinem Platz weisen müssen, das ersehnte Puppentheater, das dem Wunschzettel für Großmama stark unterstrichen zu Häupten gestanden hatte und das seit dem »Fidelio« beinahe sein einziger Gedanke gewesen war.

Ja, als Entschädigung und Belohnung für einen Besuch bei Herrn Brecht hatte Hanno kürzlich zum ersten Male das Theater besucht, das Stadt-Theater, wo er im ersten Range an der Seite seiner Mutter atemlos den Klängen und Vorgängen des »Fidelio« hatte folgen dürfen. Seitdem träumte er nichts als Opernscenen, und eine Leidenschaft für die Bühne erfüllte ihn, die ihn kaum schlafen ließ. Mit unaussprechlichem Neide betrachtete er auf der Straße die Leute, die, wie ja auch sein Onkel Christian, als Theater-Habitués bekannt waren, Konsul Döhlmann, Makler Gosch … War das Glück ertragbar, wie sie fast jeden Abend dort anwesend sein zu dürfen? Könnte er nur einmal in der Woche vor Beginn der Aufführung einen Blick in den Saal tun, das Stimmen der Instrumente hören und ein wenig den geschlossenen Vorhang ansehen! Denn er liebte Alles im Theater: den Gasgeruch, die Sitze, die Musiker, den Vorhang …

Wird sein Puppentheater groß sein? Groß und breit? Wie wird der Vorhang aussehen? Man muß baldmöglichst ein kleines Loch hineinschneiden, denn auch im Vorhang des Stadt-Theaters war ein Guckloch … Ob Großmama oder Mamsell Severin – denn Großmama konnte nicht Alles besorgen – die nötigen Dekorationen zum »Fidelio« gefunden hatte? Gleich morgen wird er sich irgendwo einschließen und ganz allein eine Vorstellung geben … Und schon ließ er seine Figuren im Geiste singen; denn die Musik hatte sich ihm mit dem Theater sofort aufs Engste verbunden …

»Jauchze laut, Jerusalem!« schlossen die Chorknaben, und die Stimmen, die fugenartig nebeneinander her gegangen waren, fanden sich in der letzten Silbe friedlich und freudig zusammen. Der klare Accord verhallte, und tiefe Stille legte sich über Säulenhalle und Landschaftszimmer. Die Mitglieder der Familie blickten unter dem Drucke der Pause vor sich nieder; nur Direktor Weinschenks Augen schweiften keck und unbefangen umher, und Frau Permaneder ließ ihr trocknes Räuspern vernehmen, das ununterdrückbar war. Die Konsulin aber schritt langsam zum Tische und setzte sich inmitten ihrer Angehörigen auf das Sofa, das nun nicht mehr wie in alter Zeit unabhängig und abgesondert vom Tische da stand. Sie rückte die Lampe zurecht und zog die große Bibel heran, deren altersbleiche Goldschnittfläche ungeheuerlich breit war. Dann schob sie die Brille auf die Nase, öffnete die beiden ledernen Spangen, mit denen das kolossale Buch geschlossen war, schlug dort auf, wo das Zeichen lag, daß das dicke, rauhe, gelbliche Papier mit dem übergroßen Druck zum Vorschein kam, nahm einen Schluck Zuk-kerwasser und begann, das Weihnachtskapitel zu lesen.

Sie las die altvertrauten Worte langsam und mit einfacher, zu Herzen gehender Betonung, mit einer Stimme, die sich klar, bewegt und heiter von der andächtigen Stille abhob. »Und den Menschen ein Wohlgefallen!« sagte sie.

Kaum aber schwieg sie, so erklang in der Säulenhalle dreistimmig das »Stille Nacht, heilige Nacht«, in das die Familie im Landschaftszimmer einstimmte. Man ging ein wenig vorsichtig zu Werke dabei, denn die Meisten der Anwesenden waren unmusikalisch, und hie und da vernahm man in dem Ensemble einen tiefen und ganz ungehörigen Ton … Aber das beeinträchtigte nicht die Wirkung dieses Liedes … Frau Permaneder sang es mit bebenden Lippen, denn am süßesten und schmerzlichsten rührt es an dessen Herz, der ein bewegtes Leben hinter sich hat und im kurzen Frieden der Feierstunde Rückblick hält … Madame Kethelsen weinte still und bitterlich, obgleich sie von Allem fast nichts vernahm.

Und dann erhob sich die Konsulin. Sie ergriff die Hand ihres Enkels Johann und die ihrer Urenkelin Elisabeth und schritt durch das Zimmer. Die alten Herrschaften schlossen sich an, die jüngeren folgten, in der Säulenhalle gesellten sich die Dienstboten und die Hausarmen hinzu, und während Alles einmütig »O Tannebaum« anstimmte und Onkel Christian vorn die Kinder zum Lachen brachte, indem er beim Marschieren die Beine hob wie ein Hampelmann und alberner Weise »O Tantebaum« sang, zog man mit geblendeten Augen und ein Lächeln auf dem Gesicht durch die weit geöffnete hohe Flügeltür direkt in den Himmel hinein.

Der ganze Saal, erfüllt von dem Dufte angesengter Tannenzweige, leuchtete und glitzerte von unzähligen kleinen Flammen, und das Himmelblau der Tapete mit ihren weißen Götterstatuen ließ den großen Raum noch heller erscheinen. Die Flämmchen der Kerzen, die dort hinten zwischen den dunkelrot verhängten Fenstern den gewaltigen Tannenbaum bedeckten, welcher, geschmückt mit Silberflittern und großen, weißen Lilien, einen schimmernden Engel an seiner Spitze und ein plastisches Krippen-Arrangement zu seinen Füßen, fast bis zur Decke emporragte, flimmerten in der allgemeinen Lichtflut wie ferne Sterne. Denn auf der weißgedeckten Tafel, die sich lang und breit, mit den Geschenken beladen, von den Fenstern fast bis zur Türe zog, setzte sich eine

Reihe kleinerer, mit Konfekt behängter Bäume fort, die ebenfalls von brennenden Wachslichtchen erstrahlten. Und es brannten die Gasarme, die aus den Wänden hervorkamen, und es brannten die dicken Kerzen auf den vergoldeten Kandelabern in allen vier Winkeln. Große Gegenstände, Geschenke, die auf der Tafel nicht Platz hatten, standen neben einander auf dem Fußboden. Kleinere Tische, ebenfalls weiß gedeckt, mit Gaben belegt und mit brennenden Bäumchen geschmückt, befanden sich zu den Seiten der beiden Türen: Das waren die Bescherungen der Dienstboten und der Hausarmen.

Singend, geblendet und dem altvertrauten Raume ganz entfremdet umschritt man einmal den Saal, defilierte an der Krippe vorbei, in der ein wächsernes Jesuskind das Kreuzeszeichen zu machen schien, und blieb dann, nachdem man Blick für die einzelnen Gegenstände bekommen hatte, verstummend an seinem Platze stehen.

Hanno war vollständig verwirrt. Bald nach dem Eintritt hatten seine fieberhaft suchenden

Augen das Theater erblickt … ein Theater, das, wie es dort oben auf dem Tische prangte, von so extremer Größe und Breite erschien, wie er es sich vorzustellen niemals erkühnt hatte. Aber sein Platz hatte gewechselt, er befand sich an einer der vorjährigen entgegengesetzten Stelle, und dies bewirkte, daß Hanno in seiner Verblüffung ernstlich daran zweifelte, ob dies fabelhafte Theater für ihn bestimmt sei. Hinzu kam, daß zu den Füßen der Bühne, auf dem Boden, etwas Großes, Fremdes aufgestellt war, etwas, was nicht auf seinem Wunschzettel gestanden hatte, ein Möbel, ein kommodenartiger Gegenstand … war er für ihn?

»Komm her, Kind, und sieh dir dies an«, sagte die Konsulin und öffnete den Deckel. »Ich weiß, du spielst gern Choräle … Herr Pfühl wird dir die nötigen Anweisungen geben … Man muß immer treten … manchmal schwächer und manchmal stärker … und dann die Hände nicht aufheben, sondern immer nur so peu à peu die Finger wechseln …«

Es war ein Harmonium, ein kleines, hübsches Harmonium, braun poliert, mit Metallgriffen an beiden Seiten, bunten Tretbälgen und einem zierlichen Drehsessel. Hanno griff einen Accord … ein sanfter Orgelklang löste sich los und ließ die Umstehenden von ihren Geschenken aufblicken … Hanno umarmte seine Großmutter, die ihn zärtlich an sich preßte und ihn dann verließ, um die Danksagungen der Anderen entgegenzunehmen.

Er wandte sich dem Theater zu. Das Harmonium war ein überwältigender Traum, aber er hatte doch fürs Erste noch keine Zeit, sich näher damit zu beschäftigen. Es war der Überfluß des Glückes, in dem man, undankbar gegen das Einzelne, Alles nur flüchtig berührt, um erst einmal das Ganze übersehen zu lernen … Oh, ein Souffleurkasten war da, ein muschelförmiger Souffleurkasten, hinter dem breit und majestätisch in Rot und Gold der Vorhang emporrollte. Auf der Bühne war die Dekoration des letzten Fidelio-Aktes aufgestellt. Die armen Gefangenen falteten die Hände. Don Pizarro, mit gewaltig gepufften Ärmeln, verharrte irgendwo in fürchterlicher Attitüde. Und von hinten nahte im Geschwindschritt und ganz in schwarzem Sammet der Minister, um Alles zum Besten zu kehren. Es war wie im Stadt-Theater und beinahe noch schöner. In Hannos Ohren widerhallte der Jubelchor, das Finale, und er setzte sich vor das Harmonium, um ein Stückchen daraus, das er behalten, zum Erklingen zu bringen … Aber er stand wieder auf, um das Buch zur Hand zu nehmen, das erwünschte Buch der griechischen Mythologie, das ganz rot gebunden war und eine goldene Pallas Athene auf dem Deckel trug. Er aß von seinem Teller mit Konfekt, Marzipan und Braunen Kuchen, musterte die kleineren Dinge, die Schreibutensilien und Schulhefte und vergaß einen Augenblick alles Übrige über einem Federhalter, an dem sich irgendwo ein winziges Glaskörnchen befand, das man nur vors Auge zu halten brauchte, um wie durch Zauberspiel eine weite Schweizerlandschaft vor sich zu sehen …

Jetzt gingen Mamsell Severin und das Folgmädchen mit Tee und Biscuits umher, und während Hanno eintauchte, fand er ein wenig Muße, von seinem Platze aufzusehen. Man stand an der Tafel oder ging daran hin und her, plauderte und lachte, indem man einander die Geschenke zeigte und die des Anderen bewunderte. Es gab da Gegenstände aus allen Stoffen: aus Porzellan, aus Nickel, aus Silber, aus Gold, aus Holz, Seide und Tuch. Große, mit Mandeln und Succade symmetrisch besetzte Braune Kuchen lagen abwechselnd mit massiven Marzipanbroten, die innen naß waren vor Frische, in langer Reihe auf dem Tische. Diejenigen Geschenke, die Frau Permaneder angefertigt oder dekoriert hatte, ein Arbeitsbeutel, ein Untersatz für Blattpflanzen, ein Fußkissen, waren mit großen Atlasschleifen geziert.

Dann und wann besuchte man den kleinen Johann, legte den Arm um seinen Matrosenkragen und nahm seine Geschenke mit der ironisch übertriebenen Bewunderung in Augenschein, mit der man die Herrlichkeiten der Kinder zu bestaunen pflegt. Nur Onkel Christian wußte nichts von diesem Erwachsenen-Hochmut, und seine Freude an dem Puppentheater, als er, einen Brillantring am Finger, den er von seiner Mutter beschert bekommen hatte, an Hannos Platz vorüberschlenderte, unterschied sich gar nicht von der seines Neffen.

»Donnerwetter, das ist drollig!« sagte er, indem er den Vorhang auf und nieder zog und einen Schritt zurücktrat, um das scenische Bild zu betrachten. »Hast du dir das gewünscht? – So, das hast du dir also gewünscht«, sagte er plötzlich, nachdem er eine Weile mit sonderbarem Ernst und voll unruhiger Gedanken seine Augen hatte wandern lassen. »Warum? Wie kommst du auf den Gedanken? Bist du schon mal im Theater gewesen? … Im Fidelio? Ja, das wird gut gegeben … Und nun willst du das nachmachen, wie? nachahmen, selbst Opern aufführen? … Hat es solchen Eindruck auf dich gemacht? … Hör' mal, Kind, laß dir raten, hänge deine Gedanken nur nicht zu sehr an solche Sachen … Theater … und sowas … Das taugt nichts, glaube deinem Onkel. Ich habe mich auch immer viel zu sehr für diese Dinge interessiert, und darum ist auch nicht viel aus mir geworden. Ich habe große Fehler begangen, mußt du wissen …«

Er hielt das seinem Neffen ernst und eindringlich vor, während Hanno neugierig zu ihm aufsah. Dann jedoch, nach einer Pause, während welcher in Betrachtung des Theaters sein knochiges und verfallenes Gesicht sich aufhellte, ließ er plötzlich eine Figur sich auf der Bühne vorwärts bewegen und sang mit hohl krächzender und tremolierender Stimme: »Ha, welch gräßliches Verbrechen!« worauf er den Sessel des Harmoniums vor das Theater schob, sich setzte und eine Oper aufzuführen begann, indem er, singend und gestikulierend, abwechselnd die Bewegungen des Kapellmeisters und der agierenden Personen vollführte. Hinter seinem Rücken versammelten sich mehrere Familienmitglieder, lachten, schüttelten den Kopf und amüsierten sich. Hanno sah ihm mit aufrichtigem Vergnügen zu. Nach einer Weile aber, ganz überraschend, brach Christian ab. Er verstummte, ein unruhiger Ernst überflog sein Gesicht, er strich mit der Hand über seinen Schädel und an seiner linken Seite hinab und wandte sich dann mit krauser Nase und sorgenvoller Miene zum Publikum.

»Ja, seht ihr, nun ist es wieder aus«, sagte er; »nun kommt wieder die Strafe. Es rächt sich immer gleich, wenn ich mir mal einen Spaß erlaube. Es ist kein Scherz, wißt ihr, es ist eine Qual … eine unbestimmte Qual, weil hier alle Nerven zu kurz sind. Sie sind ganz einfach alle zu kurz …«

Aber die Verwandten nahmen diese Klagen ebenso wenig ernst wie seine Späße und antworteten kaum. Sie zerstreuten sich gleichgültig, und so saß denn Christian noch eine Zeit lang stumm vor dem Theater, betrachtete es mit schnellem und gedankenvollem Blinzeln und erhob sich dann.

»Na, Kind, amüsiere dich damit«, sagte er, indem er über Hannos Haar strich. »Aber nicht zu viel … und vergiß deine ernsten Arbeiten nicht darüber, hörst du? Ich habe viele Fehler gemacht … Jetzt will ich aber in den Klub … Ich gehe ein bißchen in den Klub!« rief er den Erwachsenen zu. »Da feiern sie auch Weihnachten heut. Auf Wiedersehn.« Und mit steifen, krummen Beinen ging er durch die Säulenhalle von dannen.

Alle hatten heute früher als sonst zu Mittag gegessen und sich daher mit Tee und Biscuits ausgiebig bedient. Aber man war kaum damit fertig, als große Krystallschüsseln mit einem gelben, körnigen Brei zum Imbiß herumgereicht wurden. Es war Mandel-Crème, ein Gemisch aus Eiern, geriebenen Mandeln und Rosenwasser, das ganz wundervoll schmeckte, das aber, nahm man ein Löffelchen zu viel, die furchtbarsten Magenbeschwerden verursachte. Dennoch, und obgleich die Konsulin bat, für das Abendbrot »ein kleines Loch offen zu lassen«, tat man sich keinen Zwang an. Was Klothilde betraf, so vollführte sie Wunderdinge. Still und dankbar löffelte sie die Mandel-Crème, als wäre es Buchweizengrütze. Zur Erfrischung gab es auch Weingelee in Gläsern, wozu englischer Plumcake gegessen wurde. Nach und nach zog man sich ins Landschaftszimmer hinüber und gruppierte sich mit den Tellern um den Tisch.

Hanno blieb allein im Saale zurück, denn die kleine Elisabeth Weinschenk war nach Hause gebracht worden, während er dieses

Jahr zum ersten Male zum Abendessen in der Mengstraße bleiben durfte, die Dienstmädchen und die Hausarmen hatten sich mit ihren Geschenken zurückgezogen, und Ida Jungmann plauderte in der Säulenhalle mit Riekchen Severin, obgleich sie, als Erzieherin, der Jungfer gegenüber gewöhnlich eine strenge gesellschaftliche Distanz innehielt. Die Lichter des großen Baumes waren herabgebrannt und ausgelöscht, so daß die Krippe nun im Dunkel lag; aber einzelne Kerzen an den kleinen Bäumen auf der Tafel brannten noch, und hie und da geriet ein Zweig in den Bereich eines Flämmchens, sengte knisternd an und verstärkte den Duft, der im Saale herrschte. Jeder Lufthauch, der die Bäume berührte, ließ die Stücke Flittergoldes, die daran befestigt waren, mit einem zart metallischen Geräusch erschauern. Es war nun wieder still genug, die leisen Drehorgelklänge zu vernehmen, die von einer fernen Straße durch den kalten Abend daherkamen.

Hanno genoß die weihnachtlichen Düfte und Laute mit Hingebung. Er las, den Kopf in die Hand gestützt, in seinem Mythologiebuch, aß mechanisch und weil es zur Sache gehörte, Konfekt, Marzipan, Mandel-Crème und Plumcake, und die ängstliche Beklommenheit, die ein überfüllter Magen verursacht, vermischte sich mit der süßen Erregung des Abends zu einer wehmütigen Glückseligkeit. Er las von den Kämpfen, die Zeus zu bestehen hatte, um zur Herrschaft zu gelangen, und horchte dann und wann einen Augenblick ins Wohnzimmer hinüber, wo man Tante Klothildens Zukunft eingehend besprach.

Klothilde war weitaus die Glücklichste von Allen an diesem Abend, und nahm die Gratulationen und Neckereien, die ihr von allen Seiten zu teil wurden, mit einem Lächeln entgegen, das ihr aschgraues Gesicht verklärte; ihre Stimme brach sich beim Sprechen vor freudiger Bewegung. – Sie war in das »Johanniskloster« aufgenommen worden. Der Senator hatte ihr die Aufnahme unter der Hand im Verwaltungsrat erwirkt, obgleich gewisse Herren heimlich über Nepotismus gemurrt hatten. Man unterhielt sich über diese dankenswerte Institution, die den adeligen Damenklöstern in

Mecklenburg, Dobberthien und Ribnitz, entsprach, und die würdige Altersversorgung mittelloser Mädchen aus verdienter und alteingesessener Familie bezweckte. Der armen Klothilde war nun zu einer kleinen aber sicheren Rente verholfen, die sich mit den Jahren steigern würde, und, für ihr Alter, wenn sie in die höchste Klasse aufgerückt sein würde, sogar zu einer friedlichen und reinlichen Wohnung im Kloster selbst …

Der kleine Johann verweilte ein wenig bei den Erwachsenen, aber er kehrte bald in den Saal zurück, der nun, da er weniger licht erstrahlte und mit seiner Herrlichkeit keine so verblüffte Scheu mehr hervorrief wie anfangs, einen Reiz von neuer Art ausübte. Es war ein ganz seltsames Vergnügen, wie auf einer halbdunklen Bühne nach Schluß der Vorstellung darin umherzustreifen und ein wenig hinter die Coulissen zu sehen: die Lilien des großen Tannenbaumes mit ihren goldnen Staubfäden aus der Nähe zu betrachten, die Tier- und Menschenfiguren des Krippenaufbaus in die Hand zu nehmen, die Kerze ausfindig zu machen, die den transparenten Stern über Bethlehems Stall hatte leuchten lassen, und das lang herabhängende Tafeltuch zu lüften, um der Menge von Kartons und Packpapieren gewahr zu werden, die unter dem Tisch aufgestapelt waren.

Auch gestaltete sich die Unterhaltung im Landschaftszimmer immer weniger anziehend. Mit unentrinnbarer Notwendigkeit war allmählich die eine, unheimliche Angelegenheit Gegenstand des Gespräches geworden, über die man bislang dem festlichen Abend zu Ehren geschwiegen, die aber fast keinen Augenblick aufgehört hatte, alle Gemüter zu beschäftigen: Direktor Weinschenks Prozeß. Hugo Weinschenk selbst hielt Vortrag darüber, mit einer gewissen wilden Munterkeit in Miene und Bewegungen. Er berichtete über Einzelheiten der nun durch das Fest unterbrochenen Zeugenvernehmung, tadelte lebhaft die allzu bemerkbare Voreingenommenheit des Präsidenten Doktor Philander und kritisierte mit souveränem Spott den höhnischen Ton, den der Staatsanwalt Doktor Hagenström gegen ihn und die Entlastungszeugen anzuwenden für passend erachte. Übrigens habe Breslauer verschiedene belastende Aussagen sehr witzig entkräftet und ihn aufs Bestimmteste versichert, daß an eine Verurteilung vorläufig gar nicht zu denken sei. – Der Senator warf hie und da aus Höflichkeit eine Frage ein, und Frau Permaneder, die mit emporgezogenen Schultern auf dem Sofa saß, murmelte manchmal einen furchtbaren Fluch gegen Moritz Hagenström. Die Übrigen aber schwiegen. Sie schwiegen so tief, daß auch der Direktor allmählich verstummte; und während drüben im Saale dem kleinen Hanno die Zeit schnell wie im Himmelreiche verging, lagerte im Landschaftszimmer eine schwere, beklommene, ängstliche Stille, die noch fortherrschte, als um halb 9 Uhr Christian aus dem Klub, von der Weihnachtsfeier der Junggesellen und Suitiers zurückkehrte.

Ein erkalteter Cigarrenstummel stak zwischen seinen Lippen, und seine hageren Wangen waren gerötet. Er kam durch den Saal und sagte, als er ins Landschaftszimmer trat:

»Kinder, der Saal ist doch wunderhübsch! Weinschenk, wir hätten heute eigentlich Breslauer mitbringen sollen; sowas hat er sicher noch gar nicht gesehen.«

Ein stiller, strafender Seitenblick traf ihn aus den Augen der Konsulin. Er erwiderte ihn mit unbefangener und verständnislos fragender Miene. – Um neun Uhr ging man zu Tische.

Wie alljährlich an diesem Abend war in der Säulenhalle gedeckt worden. Die Konsulin sprach mit herzlichem Ausdruck das hergebrachte Tischgebet:

»Komm, Herr Jesus, sei unser Gast
Und segne, was du uns bescheret hast«,

Woran sie, wie an diesem Abend ebenfalls üblich, eine kleine, mahnende Ansprache schloß, die hauptsächlich aufforderte, Aller derer zu gedenken, die es an diesem heiligen Abend nicht so gut hätten, wie die Familie Buddenbrook … Und als dies erledigt war, setzte man sich mit gutem Gewissen zu einer nachhaltigen Mahlzeit nieder, die alsbald mit Karpfen in aufgelöster Butter und mit altem Rheinwein ihren Anfang nahm.

Der Senator schob ein paar Schuppen des Fisches in sein Portemonnaie, damit während des ganzen Jahres das Geld nicht darin ausgehe; Christian aber bemerkte trübe, das helfe ja doch nichts, und Konsul Kröger entschlug sich solcher Vorsichtsmaßregeln, da er ja keine Kursschwankungen mehr zu fürchten habe und mit seinen anderthalb Schillingen längst im Hafen sei. Der alte Herr saß möglichst weit entfernt von seiner Frau, mit der er seit Jahr und Tag beinahe kein Wort mehr sprach, weil sie nicht aufhörte, dem enterbten Jakob, der in London, Paris oder Amerika – nur sie wußte das bestimmt – sein entwurzeltes Abenteurerleben führte, heimlich Geld zufließen zu lassen. Er runzelte finster die Stirn, als beim zweiten Gange sich das Gespräch den abwesenden Familienmitgliedern zuwandte und als er sah, wie die schwache Mutter sich die Augen trocknete. Man erwähnte die in Frankfurt und die in Hamburg, man gedachte auch ohne Übelwollen des Pastors Tiburtius in Riga, und der

Senator stieß in aller Stille mit seiner Schwester Tony auf die Gesundheit der Herren Grünlich und Permaneder an, die in gewissem Sinne doch auch dazu gehörten …

Der Puter, gefüllt mit einem Brei von Maronen, Rosinen und Äpfeln, fand das allgemeine Lob. Vergleiche mit denen früherer Jahre wurden angestellt, und es ergab sich, daß dieser seit langer Zeit der größte war. Es gab gebratene Kartoffeln, zweierlei Gemüse und zweierlei Kompott dazu, und die kreisenden Schüsseln enthielten Portionen, als ob es sich bei jeder einzelnen von ihnen nicht um eine Beigabe und Zutat, sondern um das Hauptgericht handelte, an dem Alle sich sättigen sollten. Es wurde alter Rotwein von der Firma Möllendorpf getrunken.

Der kleine Johann saß zwischen seinen Eltern und verstaute mit Mühe ein weißes Stück Brustfleisch nebst Farce in seinem Magen. Er konnte nicht mehr soviel essen wie Tante Thilda, sondern fühlte sich müde und nicht sehr wohl; er war nur stolz darauf, daß er mit den Erwachsenen tafeln durfte, daß auch auf *seiner* kunstvoll gefalteten Serviette eins von diesen köstlichen, mit Mohn bestreuten Milchbrötchen gelegen hatte, daß auch vor *ihm* drei Weingläser standen, während er sonst aus dem kleinen, goldenen Becher, dem Patengeschenk Onkel Krögers, zu trinken pflegte ... Aber als dann, während Onkel Justus einen ölgelben, griechischen Wein in die kleinsten Gläser zu schenken begann, die Eisbaisers erschienen – rote, weiße und braune – wurde auch sein Appetit wieder rege. Er verzehrte, obgleich es ihm fast unerträglich weh an den Zähnen tat, ein rotes, dann die Hälfte eines weißen, mußte schließlich doch auch von den braunen, mit Chokolade-Eis gefüllten, ein Stück probieren, knusperte Waffeln dazu, nippte an dem süßen Wein und hörte auf Onkel Christian, der ins Reden gekommen war.

Er erzählte von der Weihnachtsfeier im Klub, die sehr fidel gewesen sei. »Du lieber Gott!« sagte er in jenem Tone, in dem er von Johnny Thunderstorm zu sprechen pflegte. »Die Kerls tranken Schwedischen Punsch wie Wasser!«

»Pfui«, bemerkte die Konsulin kurz und schlug die Augen nieder.

Aber er beachtete das nicht. Seine Augen begannen zu wandern, und Gedanken und Erinnerungen waren so lebendig in ihm, daß sie wie Schatten über sein hageres Gesicht huschten.

»Weiß jemand von euch«, fragte er, »wie es ist, wenn man zu viel Schwedischen Punsch getrunken hat? Ich meine nicht die Betrunkenheit, sondern das, was am nächsten Tag kommt, die Folgen … sie sind sonderbar und widerlich … ja, sonderbar und widerlich zu gleicher Zeit.«

»Grund genug, sie genau zu beschreiben«, sagte der Senator.

»Assez, Christian, dies interessiert uns durchaus nicht«, sagte die Konsulin.

Aber er überhörte es. Es war seine Eigentümlichkeit, daß in solchen Augenblicken keine Einrede zu ihm drang. Er schwieg eine Weile, und dann plötzlich schien das, was ihn bewegte, zur Mitteilung reif zu sein.

»Du gehst umher und fühlst dich übel«, sagte er und wandte sich mit krauser Nase an seinen Bruder. »Kopfschmerzen und unordentliche Eingeweide … nun ja, das gibt es auch bei anderen Gelegenheiten. Aber du fühlst dich *schmutzig*« – und Christian rieb mit gänzlich verzerrtem Gesicht seine Hände – »du fühlst dich schmutzig und ungewaschen am ganzen Körper. Du wäschst deine Hände, aber es nützt nichts, sie fühlen sich feucht und unsauber an, und deine Nägel haben etwas Fettiges … Du badest dich, aber es hilft nichts, dein ganzer Körper scheint dir klebrig und unrein. Dein ganzer Körper ärgert dich, reizt dich, du bist dir selbst zum Ekel … Kennst du es, Thomas, kennst du es?«

»Ja, ja!« sagte der Senator mit abwehrender Handbewegung. Aber mit der seltsamen Taktlosigkeit, die mit den Jahren immer mehr an Christian hervortrat und ihn nicht daran denken ließ, daß diese Auseinandersetzung von der ganzen Tafelrunde peinlich empfunden wurde, daß sie in dieser Umgebung und an diesem Abend nicht am Platze war, fuhr er fort, den üblen Zustand nach übermäßigem Genuß von Schwedischem Punsch zu schildern, bis er glaubte, ihn erschöpfend charakterisiert zu haben, und allmählich verstummte.

Bevor man zu Butter und Käse überging, ergriff die Konsulin noch einmal das Wort zu einer kleinen Ansprache an die Ihrigen. Wenn auch nicht Alles, sagte sie, im Laufe der Jahre sich so gestaltet habe, wie man es kurzsichtig und unweise erwünscht habe, so bleibe doch immer noch übergenug des sichtbarlichen Segens übrig, um die Herzen mit Dank zu erfüllen. Gerade der Wechsel von Glück und strenger Heimsuchung zeige, daß Gott seine Hand niemals von der Familie gezogen, sondern daß er ihre Geschicke nach tiefen und weisen Absichten gelenkt habe und lenke, die ungeduldig ergründen zu wollen man sich nicht erkühnen dürfe. Und nun wolle man, mit hoffendem Herzen, einträchtig anstoßen auf das Wohl der Familie, auf ihre Zukunft, jene Zukunft, die dasein werde, wenn die Alten und Älteren unter den Anwesenden längst in kühler Erde ruhen würden … auf die Kinder, denen das heutige Fest ja recht eigentlich gehöre …

Und da Direktor Weinschenks Töchterchen nicht mehr anwesend war, mußte der kleine Johann, während die Großen auch unter einander sich zutranken, allein einen Umzug um die Tafel halten, um mit allen, von der Großmutter bis zu Mamsell Severin hinab, anzustoßen. Als er zu seinem Vater kam, hob der Senator, indem er sein Glas dem des Kindes näherte, sanft Hannos Kinn empor, um ihm in die Augen zu sehen … Er fand nicht seinen Blick; denn Hannos lange, goldbraune Wimpern hatten sich tief, tief, bis auf die zart bläuliche Umschattung seiner Augen gesenkt.

Therese Weichbrodt aber ergriff seinen Kopf mit beiden Händen, küßte ihn mit leise knallendem Geräusch auf jede Wange und sagte mit einer Betonung, so herzlich, daß Gott ihr nicht widerstehen konnte:

»Sei glöcklich, du gutes Kend!«

– Eine Stunde später lag Hanno in seinem Bett, das jetzt in dem Vorzimmer stand, welches man vom Korridor der zweiten Etage aus betrat, und an das zur Linken das Ankleidekabinett des Senators stieß. Er lag auf dem Rükken, aus Rücksicht auf seinen Magen, der sich mit all dem, was er im Laufe des Abends hatte in Empfang nehmen müssen, noch keineswegs ausgesöhnt hatte, und sah mit erregten Augen der guten Ida entgegen, die, schon in der Nachtjacke, aus ihrem Zimmer kam und mit einem Wasserglase vor sich in der Luft umrührende Kreisbewegungen beschrieb. Er trank das kohlensaure Natron rasch aus, schnitt eine Grimasse und ließ sich wieder zurückfallen.

»Ich glaube, nun muß ich mich erst recht übergeben, Ida.«

»Ach wo, Hannochen. Nur still auf dem Rücken liegen … Aber siehst du wohl? Wer hat dir mehrmals zugewinkt? Und wer nicht folgen wollt', war das Jungchen …«

»Ja, ja, vielleicht geht es auch gut … Wann kommen die Sachen, Ida?«

»Morgen früh, mein Jungchen.«

»Daß sie hier hereingesetzt werden! Daß ich sie gleich habe!«

»Schon gut, Hannochen, aber erst mal ausschlafen.« Und sie küßte ihn, löschte das Licht und ging.

Er war allein, und während er still liegend sich der segenvollen Wirkung des Natrons überließ, entzündete sich vor seinen geschlossenen Augen der Glanz des Bescherungssaales aufs Neue. Er sah sein Theater, sein Harmonium, sein Mythologie-Buch und hörte irgendwo in der Ferne das »Jauchze laut, Jerusalem« der Chorknaben. Alles flimmerte. Ein mattes Fieber summte in seinem Kopfe, und sein Herz, das von dem revoltierenden Magen ein wenig beengt und beängstigt wurde, schlug langsam, stark und unregelmäßig. In einem Zustand von Unwohlsein, Erregtheit, Beklommenheit, Müdigkeit und Glück lag er lange und konnte nicht schlafen.

Morgen kam der dritte Weihnachtsabend an die Reihe, die Bescherung bei Therese Weichbrodt, und er freute sich darauf als auf ein kleines burleskes Spiel. Therese Weichbrodt hatte im vorigen Jahre ihr Pensionat gänzlich aufgegeben, so daß nun Madame Kethelsen das Stockwerk und sie selbst das Erdgeschoß des kleinen Hauses am Mühlenbrink allein bewohnte. Die Beschwerden nämlich, die ihr mißglückter und gebrechlicher kleiner Körper ihr verursachte, hatten mit den Jahren zugenommen, und in aller Sanftmut und christlichen Bereitwilligkeit nahm Sesemi Weichbrodt an, daß ihre Abberufung nahe bevorstehe. Daher hielt sie auch seit mehreren Jahren schon jedes Weihnachtsfest für ihr letztes und suchte der Feier, die sie in ihren kleinen, fürchterlich überheizten Stuben veranstaltete, so viel Glanz zu verleihen, wie in ihren schwachen Kräften stand. Da sie nicht viel zu kaufen vermochte, so verschenkte sie jedes Jahr einen neuen Teil ihrer bescheidenen Habseligkeiten und baute unter dem Baume auf, was sie nur entbehren konnte: Nippsachen, Briefbeschwerer, Nadelkissen, Glasvasen und Bruchstücke ihrer Bibliothek, alte Bücher in drolligen Formaten und Einbänden, das »Geheime Tagebuch von einem Beobachter Seiner Selbst«, Hebels »Alemannische Gedichte«, Krummachers »Parabeln« … Hanno besaß schon von ihr eine Ausgabe der »Pensées de Blaise Pascal«, die so winzig war, daß man nicht ohne Vergrößerungsglas darin lesen konnte.

»Bischof« gab es in unüberwindlichen Mengen und die mit Ingwer bereiteten Braunen Kuchen Sesemi's waren ungeheuer schmackhaft. Niemals aber, dank der bebenden Hingabe, mit der Fräulein Weichbrodt jedesmal ihr letztes Weihnachtsfest beging,– niemals verfloß dieser Abend, ohne daß eine Überraschung, ein Malheur, irgend eine kleine Katastrophe sich ereignet hätte, die die Gäste zum Lachen brachte und die stumme Leidenschaftlichkeit der Wirtin noch erhöhte. Eine Kanne mit Bischof stürzte und überschwemmte Alles mit der roten, süßen, würzigen Flüssigkeit … Oder es fiel der geputzte Baum von seinen hölzernen Füßen, genau in dem Augenblick, wenn man feierlich das Bescherungszimmer betrat … Im Einschlafen sah Hanno den Unglücksfall des vorigen Jahres vor Augen: Es war unmittelbar vor der Bescherung. Therese Weichbrodt hatte mit soviel Nachdruck, daß alle Vokale ihre Plätze gewechselt hatten, das Weihnachtskapitel verlesen und trat nun von ihren Gästen zurück zur Tür, um von hier aus eine kleine Ansprache zu halten. Sie stand auf der Schwelle, bucklig, winzig, die alten Hände vor ihrer Kinderbrust zusammengelegt; die grünseidnen Bänder ihrer Haube fielen auf ihre zerbrechlichen Schultern, und zu ihren Häupten, über der Tür, ließ ein mit Tannenzweigen umkränztes Transparent die Worte leuchten: »Ehre sei Gott in der Höhe!« Und Sesemi sprach von Gottes Güte, sie erwähnte, daß dies ihr letztes Weihnachtsfest sei und schloß damit, daß sie Alle mit des Apostels Worten zur Fröhlichkeit aufforderte, wobei sie von oben bis unten erzitterte, so sehr nahm ihr ganzer kleiner Körper Anteil an dieser Mahnung. »Freuet euch!« sagte sie, indem sie den Kopf auf die Seite legte und ihn heftig schüttelte. »Und abermal sage ich: Freuet euch!« In diesem Augenblick aber ging über ihr mit einem puffenden, fauchenden und knisternden Geräusch das ganze Transparent in Flammen auf, so daß Mademoiselle Weichbrodt mit einem kleinen Schreckenslaut und einem Sprunge von ungeahnter und pittoresker Behendigkeit sich dem Funkenregen entziehen mußte, der auf sie herniederging …

Hanno erinnerte sich dieses Sprunges, den das alte Mädchen vollführt hatte, und während mehrerer Minuten lachte er ganz ergriffen, irritiert und nervös belustigt, leise und unterdrückt in sein Kissen hinein.

Rezepte des Weihnachtsmenüs

Sirupkuchen oder Braune Kuchen

siehe Seite 11

Zutaten
500 g Zucker
500 g Sirup
500 g Butter
1250 g Mehl
20 g Pottasche
1 EL gemahlener Zimt
1 EL gemahlener Kardamom
125 g Sukkade
250 g gemahlene Mandeln
1 Zitrone

Die Butter zerlassen, den Sirup dazugeben, Pottasche sehr fein zerstoßen und zugeben, dann alles mit Zucker, Gewürz, Mandeln und Mehl verkneten, den Teig zugedeckt mindestens über Nacht rasten lassen, dann so dünn wie möglich ausrollen, beliebig ausstechen und braun backen. Mit abgezogenen, halbierten Mandeln dekorieren.

Braune Kuchen mit Ingwer
Zu Zimt und Kardamom gibt man 1 EL Ingwerpulver.

Honigkuchen nach Henriette Davidis

siehe Seite 30

Zutaten
1 kg Honig
250 g Butter
200 g gemahlene Mandeln
je 1/2 TL gemahlene Nelken und Kardamom
die abgeriebene Schale einer Zitrone
2 Päckchen Backpulver
1 kg Mehl

Honig und Butter in einem großen Topf zerschmelzen, den Topf vom Herd nehmen und alle anderen Zutaten dazurühren. Mit dem restlichen Mehl verkneten und über Nacht zugedeckt ruhen lassen. Am nächsten Tag vor dem Ausrollen vielleicht noch etwas Mehl dazukneten, was von der Beschaffenheit des Honigs abhängt. Der Teig wird kleinfingerdick ausgerollt, mit einem Teigrädchen (oder Messer) zu ca. 8 x 12 cm großen Vierecken ausgeradelt, diese werden mit halbierten Mandeln verziert und bei 180°C im vorgeheizten Ofen gelbbraun gebacken. Nach dem Auskühlen werden die Honigkuchen in Blechdosen verpackt, sonst sind sie zu Weihnachten hart wie ein Holzbrett.

Mandelcreme

siehe Seite 34 / 35

Zutaten
200 g Mandeln
100 g Zucker
½ bis 1 l Sahne
5Eier
1 Beutel gemahlene oder
6Blatt weiße Gelatine

Die Mandeln pellen und reiben, mit 100 g Zucker 10 Minuten in ½ l Sahne kochen lassen. Unterdessen die 5 Eier in Eigelb und Eiweiß trennen, die Eigelbe mit etwas kalter Sahne schaumig rühren, dazu quirlen und im Wasserbad cremig rühren. Die Gelatine nach Vorschrift auflösen und in die Mandelsahne gießen. Gut verquirlen und abkühlen lassen, bis die Speise geliert. Dann entweder Sahne oder Eiweiß steif schlagen und gleichmäßig unter
die gelierte Creme heben.

»Es war Mandel-Crème, ein Gemisch aus Eiern, geriebenen Mandeln und Rosenwasser, das ganz wundervoll schmeckte […]«

Abgerührte Mandelcreme

siehe Seite 34/35

Zutaten
200 g Mandeln
1 EL Butter
$^1/_2$ l Sahne
$^3/_4$ l Milch
2 Beutel Vanillepuddingpulver
6 Eier
125 g Zucker

Die Mandeln mit heißem Wasser begießen, etwas stehen lassen, dann die braunen Schalen abziehen. Die Mandeln halbieren, in einer großen Pfanne in der heiß gewordenen Butter anrösten, abkühlen lassen, fein mahlen oder im Zerhacker zerkleinern. Die Milch mit der Sahne aufkochen lassen, das Puddingpulver nach Vorschrift mit etwas Milch und einem Löffel Zucker verquirlen, in die kochende Milch gießen, gut mit dem Schneebesen verrühren und einmal aufkochen lassen. Sechs Eidotter, mit 125 g Zucker weißschaumig gerührt, dazugießen und rasch verrühren, aber nicht mehr kochen lassen. Schließlich die gemahlenen Mandeln und den steifen Schnee der sechs Eier darunterziehen.

Englischer Plumcake

siehe Seite 34

Zutaten

je 350 g Zucker und Butter
4 Eier
250 g Mehl
1/2 TL Salz
je 1/2 TL gemahlener Zimt
Muskat und Nelken
mit Würfelzucker abgeriebene Schale von 4 Orangen
500 g kernlose Rosinen
125 g Zitronat
125 g kandierte Pomeranzenschale
(Pomeranze: Bitter- oder Sevilla-Orange)
125 g gemahlene Mandeln
1 Weinglas Cognac

Mehl, Zucker, Butter und Eier mit dem Handrührgerät, Schneebesen, in einer großen Rührschüssel in etwa zwei bis drei Minuten weißcremig rühren.
Die Würzzutaten samt Cognac und gemahlenen Mandeln hinzufügen, einmal verrühren und dann

mit der Hand die gewaschenen und gequollenen Rosinen, Zitronat und fein gewiegte Pomeranzenschale unter den Teig heben. Eine große Kastenform mit Backtrennpapier ausfüttern, den Teig hineinfüllen, in den auf Mittelhitze vorgeheizten Ofen schieben und gut zwei Stunden backen. Unbedingt die Hölzchenprobe machen.

Weingelee

siehe Seite 34

Zutaten
1 Flasche Rheinwein
2 Zitronen
1 Stange Zimt
1 Prise Kardamom
Zucker nach Geschmack
12 Blatt weiße Gelatine

Die Gelatine nach Vorschrift einweichen. Eine Tasse Wasser mit dem Zucker und den Gewürzen aufkochen und etwas ziehen lassen. Durch ein Sieb gießen. Die eingeweichte Gelatine gut ausdrükken und in dem heißen Zuckerwürzwasser verrühren. Die Mischung mit dem Wein und dem Saft der Zitronen verquirlen, in eine Kristall- oder schöne Glasschüssel gießen und über Nacht im Kühlen erstarren lassen. Wenn man das Weingelee stürzen will, benutzt man eine Schüssel mit Relief, damit das Gelee dekorativ aussieht, legt den Servierteller auf diese Schüssel und kippt das Ganze beherzt um. Vorsichtige lockern vorher den Rand des Gelees mit einem spitzen Küchenmesser von der Form. Das Gelee will sich trotzdem nicht von seiner Schüssel trennen? Dann wird diese für einen Augenblick in eine größere Schüssel mit heißem Wasser gestellt. Das läßt das Äußere des Gelees schmelzen, und es gleitet nun brav aus der Form auf den Teller – ganz bestimmt nach dem zweiten oder dritten Versuch!

Karpfen blau

siehe Seite 40

Zutaten
Ein frisch geschlachteter
Karpfen von 2 kg
Weinessig oder Weißwein
Salz
2 Zwiebeln
2 Lorbeerblätter
1 bis 2 Nelken

Den Fisch im Fischgeschäft ausnehmen und in der Längsrichtung halbieren lassen. Vor der Zubereitung gut abwaschen und in Weinessig von allen Seiten gut säubern, damit er blau wird. Die beiden Hälften im rechten Winkel zum Rückgrat halbieren. Reichlich Wasser mit viel Salz, den Zwiebeln, Lorbeerblättern und Nelken zum Kochen bringen. Die Hitze reduzieren, die Karpfenteile ins siedende Wasser geben und auf schwacher Hitze in etwa 20 Minuten gar ziehen lassen. Nach Belieben kann man das Kochwasser noch zusätzlich mit etwas Essig oder

Weißwein säuern. Die Portionsstücke abtropfen lassen und mit Salzkartoffeln, zerlassener Butter und Meerrettichsauce servieren.

Karpfen in Rotwein

Dieses Rezept teilt Madame Kröger im 5. Kapitel des Ersten Teils der *Buddenbrooks* den lauschenden Damen, wie folgt, mit:

»Wenn sie in ordentliche Stücken zerschnitten sind, Liebe, dann mit Zwiebeln und Nelken und Zwieback in die Kasserolle, und dann kriegen Sie sie mit etwas Zucker und einem Löffel Butter zu Feuer … Aber nicht waschen, Liebste, alles Blut mitnehmen, um Gottes willen …«

Meerrettichsauce

Zutaten
40 bis 50 g Butter oder
Margarine
1 EL Mehl
1 1/2 Tassen Milch
Salz und Pfeffer
1 Stange frischer Meerrettich von etwa 10 cm
1 Zitrone
evtl. 1 Eidotter, Fleischbrühe, scharfer Senf
und 1 kleines Glas Porter

In einer Saucenkasserolle das Fett zerschleichen lassen, das Mehl dazuschütten und beides mit einem kleinen Saucenbesen ein paar Minuten verrühren, bis das Mehl blond wird. Dann die Kasserolle vom Herd nehmen, unter ständigem Rühren die lauwarme Milch dazugießen, schnell zu einer glatten Sauce verrühren, wieder auf die Herdplatte stellen und unter ständigem Umrühren aufkochen lassen. Mit Salz und Pfeffer würzen, etwas Zitronensaft

dazugeben, abschmecken, dann bei nochmaligem Aufkochen den frisch gerissenen (grob geriebenen) Meerrettich dazurühren.
Wenn die Sauce milder werden soll, legiert man sie zum Schluß mit einem Eidotter. Möchte man sie kräftiger haben, so kocht man sie halb mit Fleischbrühe oder Fischsud und halb mit Milch, würzt sie mit einem Teelöffel scharfem Senf und einem kleinen Glas Porter.

Gefüllte Pute

siehe Seite 42

Zutaten
Pute von 3 bis 4 kg
100 g Öl oder Bratfett
Kräutersalz

Für die Fülle
50 g Öl oder Margarine
2 fein gewiegte Zwiebeln
1 altbackenes Brötchen, gerieben
750 g gepellte, gekochte und durch den Wolf gedrehte Maronen
750 g geschälte und entkernte Äpfel, grob gehackt
200 g kernlose Rosinen oder Korinthen
Currypulver
getrocknete Kräuter
Salz, Pfeffer
1 Glas Sherry oder Zitronensaft

Den Vogel vorbereiten: Falls der Kropf nicht gefüllt wird, die Halsöffnung schließen, indem man die

Haut auf den Rücken zieht und dort mit einem Holzstift befestigt oder mit Zwirn festnäht. Die Flügel nach oben biegen und auf dem Rücken verschränkt mit Holzstäbchen oder Dressierklammern befestigen. Die Keulenenden zusammenbinden oder durch einen Schlitz in der Schwanzhaut ziehen, so daß sie fest am Körper liegen. Die gesäuberte Körperhöhle des Vogels gut trocken tupfen und leicht salzen.

Die Fülle vorbereiten: Die fein gewiegten Zwiebeln mit den Semmelbröseln in heißem Fett anrösten, mit dem Maronenpüree, dem Apfelhack und den gewaschenen und gequollenen Rosinen vermengen, nach Belieben mit Currypulver oder getrockneten Kräutern würzen, mit Sherry oder Zitronensaft befeuchten und in die Pute füllen. Ein Truthahn braucht je Kilogramm etwa zwei Tassen Fülle. Übrige Fülle kann man neben dem Tier garen – in diesem Fall in der letzten Dreiviertelstunde Bratzeit. Den Truthahn nicht zu fest füllen, sonst platzt die Pelle. Die Bauchöffnung sorgfältig mit Holzstäbchen oder Zwirnsfaden schließen. Der gefüllte Vogel wird nun mit Öl oder flüssigem Fett bepinselt, mit der Brust nach oben in den Bräter gelegt und in den auf 170 °C vorgeheizten Ofen, unterste Schiene, geschoben.Während des Bratens gelegentlich mit seinem Bratfett begießen und die

Brust mit Aluminiumfolie bedecken, falls sie zu dunkel zu werden droht.

Die Bratzeit

Eine ungefüllte Pute von drei bis vier kg braucht 2 1/2 bis 3 1/2 Stunden, eine Pute von vier bis sechs kg braucht 3 1/2 bis 4 Stunden bei einer Ofentemperatur von 165 °C bis 170 °C. Der Füllung wegen sollte das Tier eine gute halbe Stunde länger im Ofen bleiben.

Ein großes Tier wird schon tranchiert aufgetragen. Man löst die rechte und linke Brusthälfte ab und schneidet sie in Scheiben. Zum Nachservieren nimmt man noch einen oder beide Schenkel dazu, die ebenfalls gut in Scheiben geschnitten werden können.

Der gefüllte Truthahn braucht außer etwas Weißbrot und Gemüse keine Beilage. Der ungefüllt gebratene Truthahn wird mit Reis in jeglicher Form oder Kartoffelpüree oder warmem Kartoffelsalat serviert. Der Bratfond läßt sich mit Rotwein oder Sahne zu einer Sauce kochen.

Holländische Mürbewaffeln

siehe Seite 43

Zutaten
250 g Mehl
125 g Butter
3 Eier
1 Prise Salz
etwas gemahlener Zimt
30 g Zucker
Fett zum Ausbacken

Die flüssige Butter mit Zucker, Eidottern, Mehl und Gewürz verrühren, zum Schluß den Schnee der drei Eier unter den Waffelteig ziehen. Das vorgeheizte Waffeleisen gut auspinseln und den Waffelteig mit einem kleinen Schöpfer einfüllen, aber nicht zu viel, da er sonst aus dem Waffeleisen herausquillt. Die warmen Waffeln sofort mit Puderzucker oder Zimtzucker bestreuen und servieren.

Mandelwaffeln

siehe Seite 43

Zutaten
125 g Butter
100 g Zucker
1 Beutel Vanillezucker
2 Eier
80 g geschälte, fein geriebene Mandeln
175 g Mehl
1 gestrichener TL Backpulver
2 EL lauwarmes Wasser
1 EL Rum

Wie oben zum Teig rühren und ausbacken. Das Backen dauert je nach Teigart und Waffeleisentyp zwei bis drei Minuten. Möglichst das Eisen nicht vorher öffnen, sonst zerreißt die Waffel. Fertiggebackene Waffeln läßt man auf einem Kuchenrost auskühlen. Sie sollten frisch gegessen werden. Die Waffeln nach diesen beiden Rezepten bleiben längere Zeit in einer gut verschlossenen Blechdose frisch, müssen aber vorm Verpacken gut abgekühlt sein.

Bischof

siehe Seite 50

Zutaten
1 Flasche Bordeaux oder Burgunder
1 Pomeranze (Bitter- oder Sevilla-Orange)

Manche Rezepte empfehlen, den Bischof mit Zucker zu süßen, aber das hätte sich der Nachbar Kistenmaker sicher verbeten.

»Morgen kam der dritte Weihnachtsabend an die Reihe, die Bescherung bei Therese Weichbrodt [...] ›Bischof‹ gab es in unüberwindlichen Mengen und die mit Ingwer bereiteten Braunen Kuchen Sesemi's waren ungeheuer schmackhaft [...]«

Franzbrot

Zutaten
30 g Butter
500 g Mehl
20 g Hefe
1/4 1 Milch
2 Eier
1 Prise Salz
Butter für die Form

Man rührt 30 g Butter zu Schaum, mischt unter fortgesetztem Rühren 1/2 kg Mehl, 20 g in 1/4 l Milch aufgelöste Hefe, 1 Ei und eine Prise Salz hinzu, schlägt den Teig, welcher ziemlich solid sein muß, tüchtig mit einem hölzernen Löffel, läßt ihn aufgehen, füllt ihn entweder in gebutterte Formen oder formt ihn mit der Hand zu runden Semmeln und backt diese 15 bis 20 Minuten auf einem Blech bei mäßiger Hitze, überstreicht sie beim Herausnehmen aus dem Ofen mit geschlagenem Ei und läßt dies flüchtig nochmals trocknen. *[Aus: Universal-Lexikon der Kochkunst, 1881]*

Rezepte

Thomas Mann
Ausgaben mit historischen Umschlägen und Illustrationen

Buddenbrooks
Verfall einer Familie
Roman
759 Seiten. Gebunden
Einband mit dem geprägten Motiv der ersten einbändigen Ausgabe von 1903
Einbandentwurf von Wilhelm Schulz

Der Zauberberg
Roman
1008 Seiten. Gebunden
Mit historischem Umschlagmotiv

Bekenntnisse des Hochstaplers Felix Krull
Der Memoiren erster Teil
Roman
442 Seiten. Gebunden
Reprint der Erstausgabe von 1954
Umschlaggestaltung von Martin Kausche

Der kleine Herr Friedemann
78 Seiten. Gebunden
Umschlaggestaltung nach der Illustration von Wilhelm Schulz für die Novellensammlung »Der kleine Herr Friedemann«, Berlin, S. Fischer Verlag 1898

Tonio Kröger
112 Seiten. Gebunden
Mit dem Umschlagentwurf und den Illustrationen von Erich M. Simon aus »Tonio Kröger«, Berlin, S. Fischer Verlag 1913

Herr und Hund
Ein Idyll
144 Seiten. Gebunden
Mit dem Umschlagentwurf und den Illustrationen von Georg W. Rössner aus der Buchausgabe von 1925

Sascha Michel / Jürgen Hosemann (Hg.)
Weihnachtsgeschichten für glückliche Stunden

»Weihnachtsgeschichten für glückliche Stunden« ist das perfekte Geschenkbuch für die schönste Zeit des Jahres. Es vereint klassische Weihnachtstexte mit zeitgenössisch-überraschenden und spannt einen leuchtenden Bogen von der adventlichen Vorfreude bis zur Aussicht auf Silvester.
Mit Weihnachtstexten von Zsuzsa Bánk, Theodor Fontane, Roger Willemsen, Joachim Ringelnatz, Helga Schubert, Joseph Roth, Ulrich Tukur, Hans Fallada, Ilse Aichinger, Wolfgang Borchert, Thomas Hürlimann, Else Lasker-Schüler, Elias Canetti, Marie von Ebner-Eschenbach und vielen anderen.

192 Seiten, broschiert

Weitere Informationen finden Sie auf
www.fischerverlage.de

Robert Gernhardt
Weihnachten mit Robert Gernhardt

Das Weihnachtsfest verbindet sich mit einer der bekanntesten Geschichten der Welt und ruft so die Nacherzähler ebenso auf den Plan wie die zweifelnden Zuhörer. An Weihnachten knüpfen sich schöne wie schreckliche Kindheitserinnerungen, abendländische Hochkunst ebenso wie unglaublicher Kitsch. In all dieses Facetten schillert das Weihnachtsfest über alle Gattungsgrenzen hinweg in Gernhardts Gesamtwerk. Der vorliegende Band ist eine neue Auswahl aus der unerschöpflichen Fundgrube des Gernhardt'schen Werks und versammelt seine witzigsten, schönsten und nachdenklichsten Gedichte, Geschichten und Zeichnungen zum Fest.

176 Seiten, gebunden

Weitere Informationen finden Sie auf
www.fischerverlage.de